BALLE
EXÉCUTÉS
A VERSAILLES,

Le 22 Décembre 1745.

DE L'IMPRIMERIE

DE JEAN-BAPTISTE-CHRISTOPHE BALLARD,

Doyen des Imprimeurs du Roi, seul pour la Musique.

M. DCC XLV.

Par exprès Commandement de Sa Majesté.

ACTEURS ET ACTRICES,

Chantans dans tous les Chœurs.

DU CÔTÉ DU ROY;		DU CÔTÉ DE LA REINE;	
Les Demoiſelles	*Les Sieurs*	*Les Demoiſelles*	*Les Sieurs*
Dun,	Lefebvre,	Cartou,	Dun,
Tulou,	Marcelet,	Monville,	Perſon,
Delorge,	Albert,	Lagrandville,	De Serre,
Varquin,	Le Page-C.,	Maſſon,	Gratin,
Dallemand-C.,	Laubertie,	Rollet,	St. Martin,
Larcher,	Le Breton,	Deſgranges,	Le Melle,
Delaſtre,	Lamarre,	Gondré,	Chabou,
Riviere.	Fel,	Verneuil.	Levaſſeur.
	Bourque,		Belot,
	Houbeau,		Louatron,
	Bornet,		Foreſtier,
	Cuvillier,		Theraſſe,
	Gallard,		Dugay,
	Duchênet,		Le Begue,
	Orban,		Cordelet,
	Rochette.		Rhone.

Les Ballets ſont du Sieur LAVAL, *Compoſiteur des Ballets du* ROI.

LES FESTES DE RAMIRE,

BALLET

DONNÉ A VERSAILLES,

Le 22 Décembre 1745.

DE L'IMPRIMERIE
DE JEAN-BAPTISTE-CHRISTOPHE BALLARD,
Doyen des Imprimeurs du Roi, ſeul pour la Muſique.
M. DCC. XLV.

Par exprès Commandement de Sa Majeſté.

ACTEURS CHANTANS.

RAMIRE, *fils d'Alponse Roi de Castille*,	Le Sr Poirier.
FATIME, *Princesse de Grenade*,	La Dlle Romainville.
ISBÉ, *confidente de* FATIME,	La Dlle Jaquet.
UN GUERRIER,	Le Sr Jelyotte.
AUTRE GUERRIER,	Le Sr Le Page.
Troupe de Guerriers.	
UN DEVIN,	Le Sr De Chassé.
Troupe de Devins, de Devineresses, de Bohemiens & de Bohemiennes.	
LES GRACES,	Les Dlles Fel. Coupée. Gondré.
Troupe d'Amours, de Plaisirs & de Jeux,	
SUIVANT ET SUIVANTE *de Ramire*,	Le Sr Albert. La Dlle Bourbonnois.

Troupe des Suivants de RAMIRE, *de differents caracteres.*

PREMIER DIVERTISSEMENT.

GUERRIERS.

Le Sr Pitro ;

Les Srs Matignon, Malter-C., Monſervin, De Vice, Dumay, Dupré, Feuillade, Levoir.

SECOND DIVERTISSEMENT.

BOHEMIENS, ET BOHEMIENNES.

La Dlle Camargo ;

Les Srs F-Dumoulin, P-Dumoulin, Hamoche, Dangeville ;

Les Dlles Thiery, Puvignée, Grognet, Lyonnois-C.

TROISIE'ME DIVERTISSEMENT.

JEUX ET PLAISIRS.

La Dlle Sallé ;

Le Sr Laval, La Dlle Puvignée ;

Les Srs Dumay, Dupré, Malter-C., Matignon, Gherardi, Caillez ;

Les Dlles Erny, Lyonnois-L., Courcelle, St Germain, Petit, Beaufort.

QUATRIE'ME DIVERTISSEMENT.

SUIVANS DE RAMIRE.

Les Srs Javillier-L., Monſervin, Javillier-C. ;

Les Dlles Rabon, Carville, Roſalie ;

Et les Acteurs du Divertiſſement précédent.

LES

LES FESTES DE RAMIRE.

Le Théatre représente une Prison.

SCENE PREMIERE.

FATIME, ISBE', Confidente de FATIME.

FATIME.

O MORT, viens terminer les douleurs de ma vie.
J'ai vû tomber mon trône & ma patrie,
Mon pere est descendu dans la nuit du trépas,
Les Vainqueurs avec barbarie,
En ces lieux ont traîné mes pas.
O Mort, viens terminer les douleurs de ma vie.

ISBE'.

Alphonse est un cruel vainqueur ;
Mais Ramire son fils, a toute sa valeur,
Sans avoir sa fierté barbare ;
Souvent dans ses bontés, le juste Ciel répare
Les maux qu'il fit dans sa fureur.

FATIME.

Du Sang dont il est né, la haine est implacable,
Tu connois notre inimitié,
Non, n'attendons pas de pitié
De cette race inexorable.

On entend un bruit de trompettes.
Le Théatre change & représente un lieu agréable.

Que vois-je ! Quel prodige a changé ce séjour?
O Ciel ! Quel Dieu nous favorise?

ISBE'.

Fatime est belle, et Fatime est surprise ?
Ah ! Ce Dieu, sans doute est l'Amour.

SCENE II.

FATIME, ISBÉ, CHOEURS, ET TROUPES DE GUERRIERS.

UN GUERRIER, A FATIME.

Jeune beauté, cessez de vous plaindre,
Bannissez vos terreurs :
C'est vous qu'il faut craindre,
Regnez sur nos cœurs.

LE CHOEUR.

Jeune beauté, &c.

On danse.

LE GUERRIER.

Lorsque Venus vient embellir la terre,
C'est dans nos champs qu'elle établit sa cour.
Le terrible Dieu de la guerre,
Désarmé dans ses bras, sourit au tendre Amour.
Toujours la beauté dispose
Des invincibles guerriers,
Et le charmant Amour est sur un lit de rose,
A l'ombre des lauriers.
Lorsque Venus, &c.

LE CHOEUR.

Jeune Beauté, cessez de vous plaindre;
Banissez vos terreurs:
C'est vous qu'il faut craindre,
Regnez sur nos cœurs.

On danse.

UN AUTRE GUERRIER.

Si quelque Tiran vous oprime,
Il va tomber la victime
De l'Amour & de la valeur,
Il va tomber sous le glaive vengeur.

LE PREMIER GUERRIER.

A votre présence
Tout doit s'enflamer:
Pour votre défense,
Tout doit s'armer.

LE CHOEUR.

A votre présence,
Tout doit s'enflamer:
Pour votre défense.
Tout doit s'armer.

Les Guerriers dansent & se retirent.

SCENE III.

FATIME, ISBÉ.

FATIME.

QU'ai-je vû ! Quels objets ont enchanté mes yeux !
Quoi, du séjour affreux d'une prison profonde,
On nous transporte dans les Cieux !

ISBÉ.

C'est le brave Ramire, ou le Maître du monde,
Qui pour vous embellit ces lieux.

SCENE IV.

FATIME, ISBE':

CHOEUR & Troupe de Bohemiens, de Bohemiennes, de Devins & de Devineresses, qui entrent en dansant.

UN DEVIN.

Nous enchaînons le temps, le plaisir suit nos pas,
Nous portons dans les cœurs la flateuse espérance;
Nous leur donnons la jouissance
Des biens même qu'ils n'ont pas:
Le présent fuit, il nous entraîne,
Le passé n'est plus rien;
Charme de l'avenir, vous êtes le seul bien
Qui reste à la foiblesse humaine.

On danse.

LE DEVIN.

L'Astre éclatant & doux de la fille de l'onde,
Qui devance ou qui suit le jour,
Pour vous recommençoit son tour:
Mars a voulu s'unir pour le bonheur du monde,
A la Planette de l'Amour.
Mais quand les faveurs célestes
Sur nos jours précieux alloient se rassembler,
Des Dieux inhumains & funestes
Se plaisent à les troubler.

Toute cette Troupe se retire en dansant.

SCENE V.

FATIME, ISBE'.

ISBE'.

Pouvez-vous bien douter encore
Que ce Heros ſoit ſoumis à vos loix !
Ces jeux, ces danſes & ces voix,
Tout vous a dit qu'il vous adore.

FATIME.

Ah, que Ramire eſt dangereux !
Et que ſa Captive eſt à plaindre :
Je bravois le Heros, et je commence à craindre
L'Amant ſoumis & généreux.

ISBE'.

Le voici.

FATIME.

Sa préſence augmente mes allarmes.

SCENE VI.

RAMIRE, FATIME, ISBE'.

RAMIRE.

M'Est-il permis de paroître à vos yeux?
Et de rendre hommage à des charmes,
Plus puissans, plus victorieux,
Et plus respectés que nos armes?

FATIME.

Le sort & la valeur m'ont soumis à vos loix.
Mon ame est interdite,
Des maux, où par vos mains le sort me précipite,
Et des prodiges que je vois.

RAMIRE.

Je ramene à vos pieds votre suite fidéle,
Vos Sujets empressez viennent vous obéir.
Que j'envierai leur sort, en égalant leur zele!
Qu'ils sont heureux de vous servir!

Une Troupe paroît au fond du Théatre, sous la forme des Graces, des Amours, des Plaisirs, et des Jeux.

RAMIRE,

RAMIRE,

A cette troupe.

Graces, Plaisirs, Amours, hatez-vous de paroître,
Brillez par ses appas.

S'adressant à FATIME.

Ce sont là vos Sujets, vous devez les connoître;
Ont-ils jamais quitté vos pas?

SCENE DERNIERE.

CHOEUR ET TROUPE
DE LA SUITE DE FATIME,
Sous la forme des Graces, des Amours, et des Plaisirs:
Et les Acteurs de la Scene précédente.

LES TROIS GRACES,
A FATIME.

LA Nature en vous formant,
Près de vous, nous fit naître;
Loin de vos yeux nous ne pouvions paraître:
Nous vous servons fidélement;
Mais le charmant Amour est notre premier maître.

On danse.

UNE DES GRACES.

Eco, voix errante,
Legere habitante
De ce séjour,
Eco, fille de l'Amour,
Doux Rossignol, bois épais, onde pure,
Répétez avec moi ce que dit la nature:
Il faut aimer à son tour.

On danse.

LA MEME GRACE.

Vents furieux, tristes tempêtes,
Fuyez de nos climats:
Beaux jours, levez-vous sur nos têtes.
Fleurs, naissez sur nos pas.

On danse.

LA MEME.

Non, le plus grand empire
Ne peut remplir un cœur.
Charmant Vainqueur,
Dieu séducteur,
C'est ton délire
Qui fait le bonheur.

On danse.

UNE AUTRE GRACE.

Beauté fiere, objet charmant,
Pardonne, fais grace,
Pardonne à l'audace
Du plus tendre amant.

Toi seule es cause
De ce qu'il ose,
Toi seule alluma ses feux,
Quel crime est plus pardonnable?
C'est celui de tes beaux yeux,
En les voyant, tout mortel est coupable.

Beauté fiere, &c.

LE CHOEUR.

Beauté fiere, &c.

RAMIRE, A FATIME.

Le pardonnerés vous cet amour qui m'enchaîne?
Nos criminels ayeux se sont toujours hais,
L'amour, dont mon cœur est épris,
Est cent fois plus fort que leur haine.

FATIME.

Ah! N'est-ce pas assés des maux que j'ai soufferts?
Mes peuples sont vaincus par votre effort suprême;
Faut-il encor triompher de moi-même,
Et me donner de nouveaux fers.

FATIME donne la main à RAMIRE;
Une nouvelle troupe des ſuivans de RAMIRE, vient ſe joindre aux autres troupes.

On danſe.

DEUX SUIVANS DE RAMIRE,
Alternativement avec le Chœur.

Amour, Dieu charmant, ta puiſſance
A formé ce nouveau ſéjour,
Tout reſſent ici ta préſence,
Et le monde entier eſt ta cour.
Tes favoris
Les plus chéris,
Sont les enfans de la victoire:
C'eſt par tes feux
Qu'ils ſont heureux;
Tes biens ſont le prix de leur gloire.

On danſe.

RAMIRE,

Alternativement avec le Chœur.

Mars, Amour, ſont nos Dieux:
Nous les ſervons tous deux.

Accourez après tant d'allarmes,
Volez plaisirs, enfans des Cieux,
Au cri de Mars, au bruit des armes;
Mêlez vos sons harmonieux
A tant d'exploits victorieux,
Plaisirs, mesurez tous vos charmes.
Mars, Amour, sont nos Dieux:
Nous les servons tous deux.

On danse.

LE CHOEUR.

La gloire toujours nous appelle,
Nous marchons sous ses étendars,
Brûlant de l'ardeur la plus belle,
Pour elle,
Pour l'Amour & Mars.

LES DEUX SUIVANS.

Charmans plaisirs, nobles hazards,
Partagez toujours notre zéle.

On danse.

RAMIRE, ET UN GUERRIER.

A jamais sans partage
Unissons nos } *droits:*
Unissez vos }
Que le même courage
Triomphe sous les mêmes loix.

On danse.

RAMIRE.

Ces beaux nœuds,
Peuples heureux,
Mettront le comble à votre gloire,
Ces beaux nœuds
Peuples heureux,
Mettront le comble à tous vos vœux.

Le Dieu Mars
Dans les hazards,
Vous vit diſputer la victoire;
Et l'Amour
En ce beau jour,
Voit vos cœurs unis à ſa cour.

FIN.

Imprimé en France
FROC021229220120
23240FR00018B/493/P

9 782329 357485